LA LEY DE
LOS CICLOS

LA LEY DE
LOS CICLOS

*Descubre el ritmo
de la paz interior*

ELIZABETH CLARE PROPHET

SUMMIT UNIVERSITY ❁ PRESS ESPAÑOL®

Gardiner (Montana)

Para obtener más información: The Summit Lighthouse,
63 Summit Way, Gardiner, MT 59030 USA.
1-800-245-5445 o +1 (406) 848-9500
TSLinfo@TSL.org   www.SummitLighthouse.org

Library of Congress Control Number: 2024952368
Número de control de la Biblioteca del Congreso: 2024952368
ISBN: 978-1-60988-502-1 (rústica)
ISBN: 978-1-60988-503-8 (libro digital

SUMMIT UNIVERSITY 🌸 PRESS ESPAÑOL®

28 27 26 25   1 2 3 4

ÍNDICE

LA PROCESIÓN DE LA VIDA

La galaxia extiende en el espacio sus brazos en espiral.

El imán cósmico da impulso al corazón de los mundos,
fluidos de vida que laten con fluctuaciones rítmicas.

Los cromosomas se alinean en formación precisa.
Observa el milagro de la creación.

Mira el profundo cielo nocturno y ve cómo laten los
púlsares a ritmo perfecto.

Bebe las palabras del poeta que canta
con rima perfecta.

El electrón, a ritmo cíclico con el protón.

Los planetas, a ritmo con el sol.
El sistema solar, a ritmo con la galaxia.

El eco de las esferas del espacio retumba
en el silencio de nuestra meditación.

¡La creación de Dios tiene armonía!
Tiene ritmo. Tiene flujo.

Y los ciclos hacen girar las ruedas del tiempo
mientras la Gran Madre alimenta la procesión de la vida.

Elizabeth Clare Prophet

ESPIRALES DE LA CREACIÓN

El conocimiento y la percepción de la ley y fórmula matemática de la Ley de los Ciclos, mediante la cual el Espíritu circula por la Materia y la Materia por el Espíritu, ha supuesto para mí una de las grandes fuentes de consuelo en esta vida.

Contemplamos la Ley de los Ciclos con reverencia hacia el Creador, cuya autoexpresión está contenida en ella. Todo indicio de su manifestación en el hombre, la Tierra, los elementos y las estrellas no son más que vestigios de su Ser, huellas en la arena, pisadas en las altas nieves. Allá donde vemos sus marcas como ciclos de infinitud rodando por las infinitas espirales de tiempo y espacio, allá ha estado Él; allá está su maravillosa e imponente Presencia, tras las veladas espirales de su creación.

Al intentar profundizar en la Ley de los Ciclos hallamos secretos sublimes que lo abarcan todo: el ser humano es el microcosmos, en el hombre está el Macrocosmos. Los adeptos de las escuelas de misterios han protegido con celo estos secretos durante miles de años, porque el conocimiento de estas leyes proporciona una plataforma predecible de evolución; y el poder de iniciar ciclos uno mismo.

LA OBRA DE KUTHUMI SOBRE LOS CICLOS

El Maestro Ascendido Kuthumi ha ejercido una gran influencia en la ciencia y el pensamiento del mundo durante miles de años. Él es quien ha enseñado la Ley de los Ciclos como algo fundamental para tener una perspectiva completa del mundo.

Cuando estuvo encarnado como el gran maestro Pitágoras, Kuthumi expuso la ley de la armonía de fuerzas opuestas. Enseñó cómo todas las manifestaciones están compuestas de vibración en varios estados de interacción y equilibrio. Más adelante veremos cómo este profundo conocimiento es algo inherente a la ley cíclica.

Kuthumi, conocido por sus estudiantes occidentales como Koot Hoomi Lal Singh o K.H., fue un avanzado adepto durante el siglo XIX que superó los acostumbrados estragos del tiempo en la forma

El Maestro Ascendido Kuthumi

física, y se dice que durante décadas mantuvo la misma apariencia juvenil. Era capaz de controlar los elementos y proyectar un doble de su cuerpo físico a cualquier parte del planeta con el fin de llevar a cabo sus obligaciones o enseñar a sus discípulos.

Gran parte de su vida sigue siendo un misterio, pero sabemos que dirigió el rumbo de la Sociedad Teosófica, una escuela esotérica de adeptos, desde un remoto valle de los Himalayas inaccesible para los no invitados. A su cargo tenía chelas (estudiantes) avanzados. Por encima de él había varios chohanes (señores o maestros) y el Maha Chohán. Se practicaban Los códigos de disciplina esotérica más estrictos.

Kuthumi enseñaba con una profunda erudición y poseía una mente capaz de atravesar los velos del tiempo y leer los registros *akáshicos* de la historia de la Tierra. El conocimiento de sus chohanes era de dimensiones intergalácticas, y estos lo guiaron de cerca en todas sus interacciones con sus chelas. Para asombro de los demás adeptos y consternación de sus chohanes, Kuthumi trató de llevar al hombre occidental algunos de los misterios prohibidos de la Hermandad oculta.

En una carta enviada al teósofo inglés A. O. Hume en 1882, publicada en *Las cartas de los mahatmas*,[1] Kuthumi escribió: «No le negaría lo que tengo derecho a enseñar. Pero yo tuve que estudiar durante quince años antes de llegar a las doctrinas de los ciclos, y al principio tuve que aprender cosas más sencillas».

¡Imagínese! El maestro al que conocemos y amamos como un amigo en el Sendero tuvo que estudiar durante quince años con los chohanes antes de llegar al tema de la Ley de los Ciclos. Gracias a la dispensación de los Señores de la Mente, hoy podemos profundizar en algunas de estas enseñanzas, además de las revelaciones que han dado los Maestros Ascendidos.

¿Por dónde empezar nuestro viaje por el inmenso océano de la creación de Dios? Lo maravilloso de todo esto es que, empecemos donde empecemos, si seguimos cualquier ciclo de la vida hasta su origen, terminaremos mirando a Dios cara a cara. Porque él es el iniciador de todos los ciclos. Él es la fuerza impulsora que gira en el punto central de la forma.

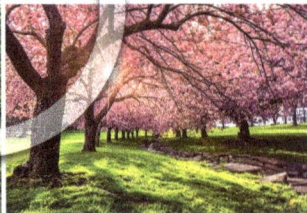

- 2 -

DEFINICIÓN DE CICLO

Un ciclo es un intervalo de tiempo durante el cual se completa la secuencia de una sucesión recurrente de eventos o fenómenos. Un ciclo también se define como una «secuencia recurrente de eventos que tiene lugar en un orden según el cual el último evento de una secuencia precede a la repetición del primer evento en una nueva serie».

Ponga la mano sobre su corazón y sienta los ciclos de sus latidos, el latido de su vida física que sustenta los vehículos de la evolución de su alma en la Materia.

Mire una bombilla y sepa que brilla porque la electricidad pulsa a un ciclo de sesenta veces por segundo a través del filamento.

Escuche una pieza musical y oiga la vibración cíclica de las cuerdas de violín reverberando en el tímpano como sonido.

Todo el cosmos puede comprenderse en términos de ciclos. La base de la creación se manifiesta en corrientes de sonido espiritual que vibran según la ley cíclica. Los mismísimos átomos y electrones de este mundo de la forma se inclinan ante el intercambio cíclico del Espíritu hacia la Materia, de la Materia hacia el Espíritu, todo ello dentro del elemento del que surge toda la vida.

El matrimonio entre la ciencia y la verdadera religión produce la progenie de sabiduría y el conocimiento superior. Algunos elementos de la Ley de los Ciclos de los que trataremos más adelante chocan con lo que se considera como hecho científico actual o como pruebas arqueológicas.

En la misma carta de 1882 a Hume, para explicar qué ciencia tan exacta son las enseñanzas esotéricas, Kuthumi escribió: «Déjeme que le diga que los medios de que nos servimos, los tenemos a nuestra disposición en un código tan antiguo como la humanidad en el que todo está minuciosamente detallado, pero todos nosotros debemos empezar por el principio, no por el final. Nuestras leyes son inmutables como las de la Naturaleza, y el hombre y la eternidad las han conocido antes de que saliera del cascarón este gallo de pelea fanfarrón que es la ciencia moderna».

Han pasado cien años desde que se escribiera esa carta y, en efecto, el ciclo ha cambiado. La ciencia empieza a demostrar con sus instrumentos y detectores muchas leyes y hechos considerados antes como divagaciones ocultistas.

CICLOS DEL COSMOS

Los ciclos del hombre, la naturaleza y el cosmos a menudo interactúan de manera muy notable y sumamente compleja. Aquí vemos ejemplos gráficos del axioma hermético —como Arriba, así abajo— que muestran cómo los ciclos microcósmicos del hombre reflejan los ciclos macrocósmicos de Dios; y cómo el proceso de la naturaleza se mueve con precisión cíclica.

En la filosofía hindú se consideran cuatro épocas cíclicas, llamadas *yugas,* épocas sucesivas en la evolución física y espiritual del hombre. Se dice que la duración de nuestro actual *kali yuga* es de 432 000 años. La duración total de las cuatro épocas, poseyendo cada una de ellas una extensión de tiempo determinada, es de 4 320 000. En una hora, nuestro

corazón late 4320 veces, reflejando las cifras 4-3-2 que se repiten también en muchos otros ciclos.

La precesión de los equinoccios es el período que el sol tarda en completar una revolución a lo largo del trasfondo de las constelaciones zodiacales. Este ciclo se completa en 25 920 años. En veinticuatro horas nosotros respiramos 25 920 veces. El ciclo celestial tiene su equivalente en el cuerpo humano.

Los estudios realizados sobre el ciclo de 11,1 años de manchas solares muestran que están relacionados directamente con las condiciones magnéticas de la Tierra y se corresponden con puntos álgidos de incidencia de epidemias y agitación social, económica y política.

Los terremotos también obedecen a un ciclo de aproximadamente once años. El mayor número de terremotos tiene lugar aproximadamente al mismo tiempo que las manchas solares. Además, las irregularidades del ciclo de temblores guardan correspondencia con las irregularidades del ciclo de manchas solares.

El Dr. Maki Takata, de Japón, descubrió que la composición de la sangre humana cambia en relación al ciclo de once años de manchas solares, a las erupciones solares y durante los eclipses.

Los cambios en la corteza terrestre parecen tener una correspondencia con la posición de la luna. Se ha estimado que la ciudad de Moscú sube y baja casi cincuenta centímetros dos veces al día debido a la atracción de la luna.

Las ostras se abren totalmente de manera rítmica dos veces al día durante la marea alta, cuando la luna ejerce su máximo efecto gravitacional sobre la Tierra. Un científico se llevó unas ostras de la ciudad de New Haven, en el estado de Conneticut, a un laboratorio de Evanston, en el estado de Illinois, y observó que al cabo de unas dos semanas estas habían adaptado sus movimientos a las fases lunares de la ciudad de Evanston, abriéndose

totalmente en el preciso momento en el que habría
habido marea alta en esta ciudad sin hubiera sido
una ciudad costera. Las ostras respondieron a la
fuerza de la luna, aunque se encontraban en una
habitación a oscuras.

El *grunion,* un pequeño pez del sur de California,
se reproduce solo cuando el ciclo de mareas es más
favorable para la supervivencia de sus pequeños.
Cada dos semanas, entre marzo y agosto, este pez
nada hasta la playa para poner sus huevos y ferti-
lizarlos la noche después de la marea más alta. De
este modo nada perturba a los huevos hasta la si-
guiente marea alta, dos semanas después, cuando
sus membranas se rompen por la fuerza de las olas
para abrir paso a los peces ya maduros.

Unos investigadores que pusieron pedazos de
patatas con brotes en un contenedor cerrado her-
méticamente, en total oscuridad y bajo presión
constante, descubrieron que las patatas tenían un
ciclo de 24 horas de consumo de oxígeno relacionado directamente con la presión barométrica fuera
del contenedor. Lo más sorprendente fue la capacidad
de las patatas para predecir con precisión la presión
barométrica exterior con dos días de antelación.
Tras realizar más experimentos, los investigadores

descubrieron que todos los seres vivos que estudiaron, desde zanahorias hasta algas marinas y desde cangrejos y ostras hasta ratas, podían predecir los cambios de presión barométrica con dos días de antelación.

Fenómenos aparentemente no relacionados tienen lugar cada 9,2 años. Este intervalo marca los ciclos de la población de saltamontes, el nivel del agua del lago Míchigan, el grosor alterno de los anillos de los árboles, los fracasos en los negocios, los precios del arrabio y el cobre, los precios del mercado de valores industrial y los precios bursátiles del ferrocarril.

3

EL IMÁN CÓSMICO

A fin de comprender uno de los principios básicos de la Ley de los Ciclos, debemos adentrarnos en los misterios más profundos de nuestro universo Espíritu-Materia, donde entramos en contacto con el ciclo más sencillo y más grandioso de todos: el latido del corazón del cosmos que es una pulsación dual. Aquí encontramos el elemento único, en eterno equilibrio, que pulsa eternamente según los ciclos rítmicos que resuenan hasta el núcleo de cada átomo.

Toda la filosofía religiosa del yin-yang del taoísmo se basa en la existencia y la importancia del intercambio cíclico entre una jerarquía infinita de fuerzas opuestas o complementarias. Es el grandioso ciclo que va de «Alfa a Omega».

Lo escuchamos en el canto de los átomos dentro del cosmos que tenemos dentro. Es la inhalación y exhalación de la Divinidad. Es el patrón interdimensional del flujo entre el Espíritu y la Materia —en sánscrito, *Puruśa* y *Prakṛti*— los dos polos del imán cósmico que sustenta la vida. No cabe duda de que nuestro estudio sobre la Ley de los Ciclos es una meditación sobre nuestro Ser interior.

En *El sendero al Yo Superior*[1] dice: «La Verdad que busca toda la humanidad está basada en la ley irrefutable de que el Espíritu y al Materia no son opuestos, sino que son la naturaleza doble del Ser de Dios que permanece eternamente como la Polaridad Divina».

Este ciclo primordial que estamos considerando es la relación más sencilla entre dos fuerzas, y la acción que lo abarca todo. Si aceptamos el flujo cíclico y la unidad que existe entre el Espíritu y la Materia, o los principios de Padre y Madre en movimiento, es como si nos dieran un pase a la biblioteca de conocimiento universal de Dios.

Como dijo Kuthumi, empecemos por el principio y todas las inmensas complejidades de los infinitos ciclos de Dios se esclarecerán contra el trasfondo iluminado del ciclo original.

Toda forma es resultado del movimiento. Tener movimiento implica un punto hacia el que se produce dicho movimiento y otro del que proviene. Esto, en su concepción más grandiosa, es el imán cósmico, el flujo Padre-Madre.

Un imán atrae y el otro repele. Si sostenemos en la mano un imán en forma de herradura, descubrimos que existe un punto de equilibrio perfecto entre los dos polos. La esencia de la polaridad es unidad y armonía.

En el sentido Macrocósmico, todo el cosmos es un imán. En su *Perla de Sabiduría* de junio de 1968,[2] Sanat Kumara, conocido en la historia de literatura religiosa como «el Anciano de Días», da su enseñanza sobre este ciclo de flujo universal:

> Los que deseen explorar los remotos confines del espacio, tanto interior como exteriormente, deben comprender que el aspecto Femenino Divino es el vientre de la creación que está fecundado con vida por el Espíritu de Dios. El universo material es la polaridad negativa de la Divinidad, mientras que el espiritual es la polaridad positiva. La Materia, que significa *Mater* [Madre en latín], es el cáliz que recibe la esencia vigorizante y vital del fuego sagrado. Por tanto, el principio del Padre completa el ciclo de

manifestación en el mundo de la forma a través del aspecto de la Madre, y el niño-hombre* es alimentado por la acción de la vida que equilibra y sustenta, cuya naturaleza doble [Espíritu-Materia, masculino-femenino] está ejemplificada en el Cristo.

Esta polaridad divina existe en todo el cosmos, desde la equilibrada pulsación del Gran Sol Central hasta el sistémico equilibrio del átomo de hidrógeno.

La ciencia del sonido y los archivos de la Hermandad nos enseñan que todo el cosmos manifestado es una interacción de vibraciones, una inmensa red de ondas electromagnéticas que oscilan a un número distinto de ciclos por segundo. ¿Y qué es la vibración sino un movimiento cíclico relacionado con una infraestructura de orientación de tiempo y espacio?

El abanico de ciclos es infinito, desde un ciclo en miles de millones de años hasta miles de millones de ciclos por segundo. Todo ello se deriva de una pulsación que observamos pivotar en torno al punto de equilibrio infinito del imán cósmico.

---

*niño-hombre: Condición del alma anterior a la de Hijo Varón. (N. del T.)

4

EL GRAN CICLO

Antes de sumergirnos en esta red de la creación, subamos un paso más a nuestra montaña de observación y consideremos el ciclo más grande, largo y misterioso en el mundo de la forma. La duración de este ciclo se calcula en billones de años, lo cual hace que nos veamos ante un volumen que pudiera denominarse la Vida de Brahma.

Desde la casa de Kuthumi, en la localidad himalaya de Shigatse, mirando un iceberg enfrente, Morya, uno de los adeptos que dirigió la Sociedad Teosófica, escribió a A. P. Sinnett en enero de 1882: «En la naturaleza no hay nada que nazca de repente, estando todo sujeto a la misma ley de evolución gradual. Cuando se haya realizado una sola vez el proceso del «maha ciclo» [gran ciclo], el de una esfera, se los habrá realizado todos. Un hombre nace como otro, una raza evoluciona, se desarrolla y decae como cualquier otra. La naturaleza sigue el mismo surco desde la "creación" de un universo hasta la de un mosquito. Al estudiar cosmogonía esotérica, mantenga la atención espiritual en el proceso fisiológico del nacimiento humano; proceda de la causa al efecto... La cosmología es la fisiología del universo espiritualizado, porque existe una sola ley».

Eso es precisamente lo que vamos a hacer. Primero vamos a estudiar los ciclos de Brahma, los ciclos de Dios, en el despliegue que hace de una miríada de mundos. Después estudiaremos al hombre como microcosmos. Al final los ciclos del devenir se desplegarán ante nosotros.

El hombre siempre ha ponderado los misterios de la creación. Los científicos —astrónomos, cosmólogos, físicos— han desarrollado a los largo de los tiempos varios supuestos sobre el principio del universo.

La teoría de un estado estacionario no postula ni principio ni fin, únicamente un eterno estado constante de no trascendencia.

La teoría del big bang afirma que hace alrededor de quince mil millones de años toda la materia conocida estaba comprimida en una bola infinitamente pequeña de polvo cósmico. De repente se produjo el big bang, dando nacimiento al universo físico. Tras la explosión, la vida comenzó a evolucionar desde la subpartícula atómica hasta nuestro universo actual.

Los que se adhieren a esta teoría, calladamente ignoran la pregunta: «¿Qué había antes del big bang? ¿Cuál fue la causa detrás del efecto?».

Aunque la teoría explique el aspecto de un ciclo de evolución cósmica, no proporciona el marco para una cosmoconcepción integrada y total.

Tratemos de obtener una perspectiva más profunda que existe en los retiros de la Hermandad, en el corazón de los Himalayas. Los Maestros Ascendidos y seres cósmicos, que no son científicos materiales sino grandes científicos del Espíritu, pueden ofrecer a la infantil humanidad una perspectiva que abarque interminables eternidades de creación.

Según tal perspectiva, la Ley de los Ciclos es la clave para entender los ciclos alternativos de explosión e implosión de los universos Materiales que salen y regresan al Espíritu.

LAS VERDADES MATEMÁTICAS
DE PITÁGORAS

Pitágoras entregó las verdades matemáticas de la Ley de los Ciclos a su comunidad espiritual de Crotona, en la Italia del siglo VI a. C. Todo el cosmos es comprensible a través de los números, decía Pitágoras, porque el universo material nace de la esencia de los números.

Conociendo los números que se esconden detrás de los ciclos cósmicos, el iniciado puede acercarse a un poderoso conocimiento sobre el funcionamiento del universo. Las implicaciones de este conocimiento eran tan inmensas que los pitagóricos lo mantuvieron en el silencio más estricto, sin compartirlo con ninguna persona no iniciada.

Este gran maestro comprendió cómo la música expresa las tasas armónicas de las matemáticas y utilizó la «medicina musical» para sanar tanto el cuerpo como el alma.

Folio de un Bhagavata *Purāṇa* (Antiguas historias del Señor) Creado: finales del siglo XVIII.

5

EXAMEN DE LOS *PURĀṆAS*

De las épocas remotas de la India se han conservado una serie de escritos llamados *Purāṇas*. Se trata de las enseñanzas de los grandes maestros, escritas en un período antiquísimo de la historia de la Tierra.

Purāṇa significa «lo que vive desde los tiempos antiguos» o «los escritos de antiguos eventos». En general estos antiquísimos escritos tratan de cinco temas:

1. la creación del universo;
2. la recreación después de la destrucción o el diluvio;
3. la genealogía de los dioses e instructores;
4. los *manvantaras* o *Manu-antaras*, grandes períodos de tiempo en los que el *Manu* es el ancestro primordial;
5. las historias de las dinastías solares y lunares.

Uno de los grandes Purāṇas se llama *Bhagavata Purāṇa*. En su tercera sección, el respetadísimo instructor Maitreya da la revelación de los ciclos de la creación cósmica, donde enseña acerca de los días y las noches de Brahma y los ciclos infinitos de principios y fines y nuevos principios. Desempolvemos este antiguo texto, totalmente ignorado por los historiadores occidentales, y leamos estos antiguos registros que el Señor Maitreya da a su pupilo Vidura.

Oh Vidura, más allá de los tres mundos... un día consiste en mil ciclos de cuatro yugas. La noche también tiene la misma duración, cuando el creador del universo duerme. Al final de la noche la creación del mundo comienza y procede tanto como el día de Dios Brahma, que tiene un período de catorce Manus.

En la cronología de los hindús se dice que un día de Brahma abarca un período de cuatro mil millones, trescientos veinte años.

El discurso de Maitreya a su pupilo Vidura continúa: «Cada Manu gobierna durante su período, que es algo más largo que los setenta y un ciclos, [cada cual de una duración] de cuatro yugas».

Yuga es una palabra sánscrita que indica un

«período del mundo». Los nombres sánscritos correspondientes a los cuatro yugas son: *Satya Yuga, Tretā Yuga, Dvāpara Yuga,* y *Kali Yuga.* Cada era trae consigo de manera sucesiva una etapa distinta de civilización y un modo diferente en la conciencia del hombre. En cada uno de los yugas el hombre recibe las herramientas espirituales que le ayudan más eficazmente a completar con éxito los ciclos evolutivos.

Así como el Gran Ciclo de la vida de Brahma es el arquetipo de los ciclos personales del hombre, lo mismo se aplica a los yugas. Los cuatro yugas abarcan millones de años en las esferas de evolución cósmica, pero se nos enseña que el hombre pasa por innumerables ciclos correspondientes a sus propios yugas en su recorrido por las rondas que lo conducen a la reunión con Dios. Podemos comparar los ciclos de la evolución del alma en la maestría de los cuatro cuerpos inferiores, los cuatro cuadrantes del ser, con la circulación de los cuatro yugas. Por tanto, la maestría del tiempo y el espacio tiene su base en esta Ley de los Ciclos.

Cien años cósmicos constituyen la vida de Brahma. Esto se considera como un período completo de la edad de Brahma, llamado *Mahā Kalpa,* o «Gran Ciclo».

Este es el ciclo más largo que podemos detectar. Nos dicen que su duración es de trescientos once billones y cuarenta mil millones de años.

Maitreya continúa hablando en el *Bhagavata Purāṇa,* «La mitad de la vida [de Dios Brahma] se llama parārdha. El primer parārdha [de su vida] ya ha transcurrido. Ahora está trascurriendo la otra mitad». En nuestro gran ciclo, en nuestro Mahā Kalpa, hemos superado el punto central de la trayectoria del cosmos.

Dios volvió a exhalar su aliento de vida, el *fóhat,* y la larga inhalación ha comenzado a devolverlo todo a su fuente espiritual; el ciclo sin principio ni fin, ya que todo emana del Uno y regresa a él.

Dios no tiene principio ni fin porque su ser contiene el universo de los ciclos y todo lo que los precede y los sigue en las dimensiones formadas y no formadas del Espíritu.

Pero durante un breve intermedio, el hombre parece tener un principio y un fin porque se identifica con una porción de la espiral que tiene su inicio en el Espíritu, evoluciona a través de la Materia y vuelve al Espíritu.

Cuando el hombre exterior es congruente con la esencia espiritual de su Mónada Divina, se

Figura 1

convierte en una gota unida al océano de Dios. Nuestras personalidades individualizadas tienen un principio en la urdimbre de la manifestación, pero el núcleo del átomo de nuestro ser, nuestra Mónada espiritual, comenzó cuando Dios lo hizo.

LA CADENA DE LOS CICLOS

En la figura 1 vemos una cadena de ciclos sobre una red de proporción áurea. Imaginemos que estamos flotando sobre esta espiral en expansión, mirando hacia abajo, hacia el ciclo central en retroceso, que desaparece en el pasado infinito. Cada ciclo evolutivo asimila más a Dios. Cada ronda nos envía hacia esferas cada vez más amplias del cuerpo del cosmos de Dios.

Cada vez que surgimos del período de *pralaya* nos encontramos en una creación nueva y superior, discurriendo en espiral hacia arriba, de gloria en gloria, hacia reinos interminables de infinitud.

Con perfecta precisión matemática estos ciclos siguen una inmensa espiral de trascendencia basada en la proporción áurea. (Véase capítulo 12, *La proporción áurea*).

LA LEY DEL KARMA

La Ley del Karma, de la retribución perfecta, está íntimamente relacionada con la Ley de los Ciclos.

Podemos tener la certeza absoluta de que si producimos odio o vibraciones negativas, antes o después eso nos regresará, completando su ciclo, y nos veremos obligados a invertir energía para volver a dar vibración a nuestra turbia creación.

También podemos estar seguros de que el impulso autogenerado hacia Dios, hacia el bien, hacia el servicio a nuestro prójimo, circulará y regresará también con precisión infinita y se agregará a nuestro impulso de luz y a nuestro regreso a la plenitud. Esta es la Ley del Karma. Esta es la Ley de los Ciclos, predecible matemáticamente. Es la manifestación más sencilla y profunda de la justicia.

Al querer hacernos congruentes con el ciclo de involución, evolución y ascensión, sabemos que al final de esta ronda realmente veremos el rostro de Dios.

¿Es posible imaginar cómo serían las cosas si la Ley de los Ciclos no existiera, si no hubiera modo de saber a dónde dirigir nuestro esfuerzo para volver al estado de plenitud?

Para recapitular lo aprendido, existe el latido rítmico interminable de la creación cósmica al que en Oriente denominan Mahā Kalpa o Gran Ciclo. Aunque existen infinitos ciclos dentro de otros ciclos, el flujo principal consiste de una exhalación y una inhalación, un impulso Alfa de creación seguido de un retorno Omega hacia el corazón de Brahma. Al final de cada ciclo creativo está el *pralaya,* palabra sánscrita que significa «período de descanso». En el mejor de los casos, por tanto, la teoría del big bang es una tosca afirmación del sublime momento cósmico en el que se produce el nacimiento de los mundos, cuando la onda sinusoidal pasa de ser una realidad imperceptible a una realidad perceptible; es decir, de lo que llamamos Espíritu a lo que llamamos Materia.

Al ahondar en los misterios de la creación llegamos al conocimiento de que todo es Espíritu. Todas las formas de la Materia, incluso la sustancia más densa, son la niebla de fuego cristalizada de esencia espiritual. Nuestra limitada mente puede concebir las vidas sucesivas de Brahma como inmensos arcos cíclicos de Espíritu puro que involucionan hacia los velos de la Materia más densa y que después evolucionan para regresar al origen etéreo y espiritual.

Nuestra posición relativa en el gran ciclo de nuestro ciclo personal o planetario puede comprenderse como una proporción entre Espíritu y Materia. Cuando Brahma exhala la red de la creación se produce una densificación porque el universo se reviste de sus siete túnicas de pieles.

En este ciclo alcanza un punto en el que la exhalación se agota y la inhalación comienza. Es el punto más bajo del descenso del arco del Espíritu hacia la Materia. Es el estado de equilibrio del polo positivo y negativo del imán cósmico. Es el punto medio en el ciclo que Maitreya dijo que habíamos superado.

Después tiene lugar el período de regreso al Espíritu. Todo lo involucrado en la forma material

inicia su proceso de eterealización y regreso a la
única Fuente —y al período de descanso llamado
prayala— para volver a comenzar un nuevo ciclo de
devenir.

EL SECRETO DE LA LEY DE LOS CICLOS

La figura 2 es un sencillo diagrama que nos
ayuda a comprender el gran secreto de la Ley de los
Ciclos. El punto central del círculo (punto C) es el
centro laya, el punto etérico neutral. Este centro se
puede describir como la disociación nirvánica de
toda la forma que lo une todo y forma un *ákasha*
primordial.

El ciclo discurre de arriba a abajo, como una
onda sinusoidal común, formando un patrón conocido como el *taichí.* El punto central del ciclo es el
punto de transición entre el impulso Alfa y el regreso Omega.

En *La doctrina secreta*[1] se dice que «todo lo que
abandona el estado laya se convierte en vida activa;
es atraído hacia el vórtice del movimiento; Espíritu
y Materia son los dos estados equilibrados». Todos
los átomos salen del punto central de la pulsación
creativa de la Divinidad y todos tienen su propio
centro neutral. Como Arriba, así abajo.

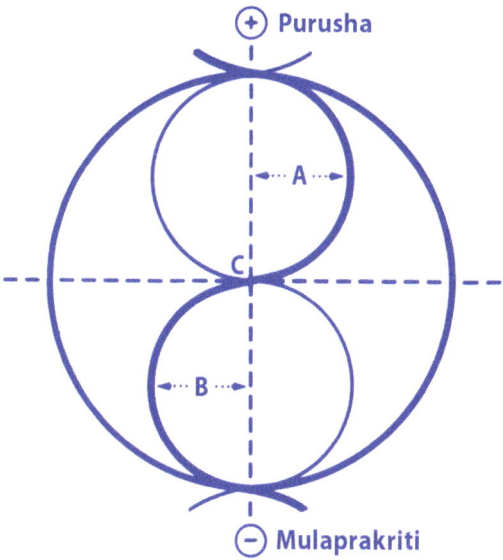

Figura 2

La figura 3 es un diagrama de los ciclos dentro de otros ciclos que se extienden hasta el infinito. La línea vertical (llamada A-B) representa el centro neutral común a todos los ciclos del cosmos, el punto central en la cámara secreta del corazón creativa de Dios.

Todos los ciclos, todas las vibraciones y, por consiguiente, toda la Materia varía según la frecuencia y el ángulo de desviación del centro laya neutral, equilibrado e indiferenciado.

La forma más común de electricidad es el flujo cíclico de una forma de ákasha que vibra a una tasa de 60 veces por segundo. La magnitud de energía potencial, denominada voltaje, va en función de lo lejos del centro neutral del ciclo que se haya hecho fluir la energía. Cuanto mayor sea la distancia, más energía habrá disponible, ya que existirá una polaridad más grande entre la cresta positiva y la cresta negativa del ciclo. Lo mismo ocurre en el mundo del hombre y el Espíritu. El hombre puede enviar vibraciones de energía más grandes o más pequeñas desde el centro de poder de su corazón.

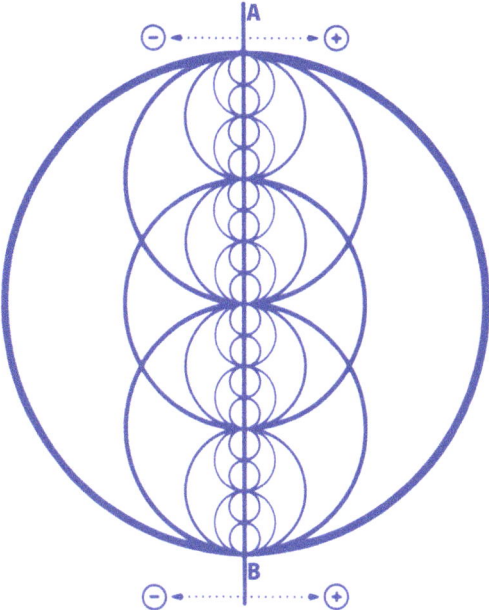

Figura 3

7

LAS LEYES DE TRASCENDENCIA Y CORRESPONDENCIA

El proceso de la autotrascendencia, o la evolución espiritual de la conciencia, lo tipificó la famosa ilustración de Leonardo da Vinci de un hombre arquetípico experimentando la cuadratura del círculo. Aquí el cubo representa la Materia y la conciencia tridimensional finita; la esfera representa el Espíritu y la conciencia multidimensional infinita.

A través de la formación de esferas con la proporción áurea podemos contemplar cómo la evolución procede desde un pasado infinito hacia un futura infinito, donde el hombre se mueve en los ciclos del cosmos, convirtiéndose él mismo en una esfera del cuerpo auto-trascendente de Dios. Se podría decir que el Hombre, en su expresión máxima del Yo, es la culminación de la proporción áurea de la conciencia cósmica.

LA LEY DE LA TRASCENDENCIA

Al reflexionar en la inmensa odisea del ser de Dios al atravesar las rondas eternas de principios y fines, podemos hacer la funesta pregunta: ¿Por qué? ¿Qué propósito hay en todo ello si el universo es tan solo un ciclo interminable de rondas donde el hombre flota sobre una mota de polvo en el espacio, arrojado en un océano sin orilla? ¿Cuál es la naturaleza de la Divinidad en su existencia a través de ciclos interminables de espacio infinito?

La respuesta, nos dicen, es que la Ley de los Ciclos implementa la Ley de la Trascendencia: Dios es un ser trascendente y con cada nueva exhalación evoluciona hacia un estado mayor de perfección y belleza cósmica.

Los ciclos en realidad no son círculos u ondas sinusoidales, sino espirales, espirales de expansión infinita según la geometría de la proporción áurea (1:1,618…). Cada ciclo evolutivo asimila una medida mayor de Dios. Cada ronda nos envía a hacia esferas más amplias del cuerpo del cosmos de Dios.

Las individualidades enredadas en el tejido de la Divinidad terminan alcanzando un punto evolutivo en el que abarcan las vidas cíclicas de Brahma. Con cada nuevo pulso, después de cada pralaya, la huella de planos superiores de perfección fecunda el huevo cósmico en gestación.

Los interminables patrones cíclicos de evolución cósmica serían una injusticia abominable si no fuera por el hecho de que cada nuevo ciclo comienza en un punto superior de perfección. Este universo no es un tiovivo infernal girando en el espacio.

Qué aburrimiento sin sentido, qué monotonía infernal sería tener que volver eternamente al mismo punto del ciclo como un disco rayado. Dios y toda su creación se trascienden a sí mismos constantemente, al poder siempre la vanguardia de la conciencia contactar con nuevos panoramas de infinitud y crear manifestaciones más grandiosas de propósito divino.

¿Qué cabida tiene el hombre como individuo en este inmenso plan de ciclos trascendentales? ¿Cómo podemos aplicar la Ley de los Ciclos a fin de lograr un propósito de mayor aceleración en torno a los anillos de iniciación?

LA LEY DE LA CORRESPONDENCIA

En el pasado remoto, Hermes, Mensajero de los Dioses, nos entregó la esencia de la Ley de los Ciclos: «Como Arriba, así abajo».

La denominada «Tabla Esmeralda» de Hermes aún se conserva. Esta enseñanza, corta y concisa, formó el núcleo de las órdenes y escuelas masónicas más antiguas de la Hermandad. La enseñanza empieza con estas palabras:

> Cierto, sin equívoco;
> seguro, muy cierto;
> lo que está Arriba
> es como lo que está abajo,
> y lo que está abajo
> es como Lo que está Arriba,
> para lograr los prodigios
> del Universo.

Esta es la Ley de la Analogía, la Ley de la Correspondencia, que nos proporciona el sentido del orden divino, el cual es de hecho el sentido de la justicia.

La Ley de la Correspondencia afirma que la creación se corresponde con el Creador, que el hombre se corresponde con Dios. Por tanto, la Imagen Real del hombre es congruente con su Fuente Divina por diseño, por propósito, por Ley.

El diseño es de ciclos trascendentes reflejados a

través de los velos de la Materia hasta la espiral del átomo más denso.

La intención es que el hombre, como individuo, se convierta en un cocreador benéfico junto a la Divinidad, que abarque los ciclos cósmicos, que sea el que exhale sistemas galácticos y proporcione un impulso de amor coherente que una los átomos como partículas para que formen una plataforma evolutiva.

La Ley es la ley de ciclos recurrentes que siempre trascienden la ronda anterior. La Ley de la Trascendencia nos ofrece el consuelo de la esperanza más grande.

Al circular en espiral los ciclos del cosmos hacia dimensiones cada vez mayores, el hombre puede trascender para siempre los velos de la Materia que forman las aulas para la evolución de su alma. La trascendente enseñanza del Cristo revela infinitas posibilidades para Dios y el hombre; destruye la mentira de condenación eterna; abre la puerta de la oportunidad para el arrepentimiento y la sanación. Es la justicia absoluta en manifestación.

Al hombre mortal no le resulta fácil extender su mente más allá de las fronteras del infinito. Maitreya

ha enseñado que una vida de Brahma, un universo
de billones de años de duración, parece ser solo un
átomo cuando está unida al cuerpo del gran Puruśa.
Los planetas que giran en torno al sol son como
átomos en el cuerpo de la Vía Láctea, teniendo la
galaxia más de cien mil millones de centros solares
y poseyendo cada uno de ellos su propio sistema de
mundos. El ser que da alma a la galaxia es consciente de nuestro mundo como un átomo de su
cuerpo repleto de vida consciente en evolución.

Ahí está el hombre, superalma y Dios de un
inmenso universo que es su identidad interior. Nosotros somos células del cuerpo de Dios y tenemos
cincuenta billones de células que componen nuestro
cuerpo. Cada una de esas células posee inteligencia
y una chispa divina. Pensemos en ello: cada una de
nuestras células nos considera como la Divinidad
de su universo, el originador de sus impulsos vitales.
Pablo dijo: «¿No sabéis que sois templo de Dios, y
que el Espíritu de Dios mora en vosotros?».

¿Hasta dónde podemos llegar a lo largo del
espectro vibratorio de la vida cósmica en ambos
sentidos?

¿Y si hubiera un complejo sistema de formas de

vida residentes en la superficie de cada electrón, que gira en equilibrio con respecto a su centro solar como polo opuesto, igual que nuestra esfera terrestre de polvo cósmico gira en torno a su sol repleta de vida? La mente mortal no puede saber. Pero seres de una gran conciencia nos han dicho que los ciclos de Dios son infinitos en todas direcciones.

Consideremos al hombre como un microcosmos, siendo también un Macrocosmos, y contemplemos el funcionamiento de la ley cíclica siguiendo el rumbo de la evolución del hombre en la escalera jerárquica del ser.

Consideremos en primer lugar al hombre y sus partes indivisibles y definamos con ello qué parte del hombre viaja por los infinitos ciclos evolutivos.

8

EL HOMBRE: UN MICROCOSMOS

El hombre es una creación séptuple. La Gran Hermandad Blanca siempre ha enseñado que el número siete es la cantidad armónica primordial. El hombre está compuesto de siete fundas o cuerpos que le han concedido los Señores de la Forma, quienes, a su vez, son de una naturaleza séptuple.

Pitágoras explicó a sus discípulos íntimos la teoría de la Mónada eterna. Según el adepto Kuthumi, reencarnación del Maestro Pitágoras, la Mónada puede considerarse como los dos principios superiores del ser séptuple del hombre.

Esta chispa de divinidad reflectante es la que envía nuestra alma a circular por los velos de maya. Y a través de la llama trina, esta alma construye a su alrededor los vehículos inferiores temporales utilizados para asimilar la experiencia de la naturaleza de Dios. Se trata del fuego sagrado que se envuelve a sí mismo cada vez más.

La Mónada Divina existe aún después de la transición llamada muerte, mientras que los cuerpos inferiores se disipan según las leyes cíclicas correspondientes a su sustancia. Toda sustancia en la Materia está sujeta a la Ley de los Ciclos que gobiernan la integración y desintegración o la manifestación de la forma y el regreso a la no forma.

El alma es el átomo «aún no permanente» en el cuerpo de Dios. Tiene infundida la semilla germinal para llegar a gobernar todo un cosmos, algo que deberá hacer ejerciendo su libre albedrío.

El alma, como extensión de la Presencia YO SOY y el cuerpo causal, recibe la oportunidad de tejer el «Cuerpo Solar Imperecedero» a partir de las fibras de ákasha.

EL CÍRCULO DE LA VIDA

La adivinanza de la eternidad y la evolución está contenida en el símbolo del círculo, un corte transversal de una espiral sin principio ni fin que, sin embargo, parece finita al pasar por el universo físico en forma de planetas, estrellas, galaxias y el hombre mismo.

El círculo es la representación bidimensional del ciclo espiral que comienza en la base cuadrada de la pirámide y se eleva hasta el ápice de la realización en la cúspide de la vida. Ahí, en el centro de la cúspide, la Ley de la Trascendencia obra a través del ojo de Dios. Porque cuando la espiral atraviesa el ojo omnividente, trasciende las dimensiones de la forma y pasa de la Materia al Espíritu.

Esto es el cumplimiento de la Ley de los Ciclos, que tienen su inicio en el corazón de Dios y culminan en cada creación perfecta. La energía que empieza como una espiral en el Espíritu desciende a la Materia, donde se amalgama en torno a la llama para, en un abrir y cerrar de ojo, volver al Espíritu a través de las espirales ascendentes y descendentes de la conciencia de Dios. Dios mismo es el círculo de los ciclos sin principio ni fin, aunque podamos detectar el pulso de su inhalación y exhalación.

Los cuerpos celestes están atravesando ciclos evolutivos dentro de la espiral infinita mayor del ser de Dios en el Espíritu, pasando por la manifestación material y regresando el Espíritu. En el Macrocosmos y en el microcosmos, las espirales provocan el flujo de energía que entra y sale de la forma.

En todo el universo el patrón del regreso cíclico se reproduce una y otra vez con precisión infinita, atravesando reinos de eternidad, expandiéndose de acuerdo con la proporción áurea.

9

EL HOMBRE COMO COCREADOR

Aunque el círculo no tenga ni principio ni fin, en cualquier punto de su circunferencia la mano de Dios puede trazar una línea de intersección, creando así un principio y un fin. Así se inician ciclos y así nacen mundos.

El girar de la emisión fohática, dirigida por la voluntad de un ser libre en Dios, puede enviar vibraciones reverberantes que se precipiten por el espacio. Si dejamos caer una piedra en el agua quieta de un estanque, veremos los patrones cíclicos de las ondas discurrir continuamente a suave ritmo. Si dejamos caer una piedra en un estanque agitado, el resultado será un intercambio complejo entre las ondas, pero el ciclo iniciado por la piedra continuará afectando al agua. Lo mismo ocurre con la mano de Dios y sus emisarios.

Una vez que el hombre ha atravesado los ciclos del proceso iniciático (las espirales del destino que liberan el patrón total de su identidad), este se gana el derecho a la congruencia con el punto en el centro del gran círculo de la vida. Ese punto en el centro del círculo es el punto de equilibrio dinámico residente en toda la creación.

Ese punto central de equilibrio, llamado centro laya en la ciencia esotérica hindú, siempre existe. Estar unidos a ese centro de poder, a ese punto de equilibrio en el centro del círculo de Dios, significa ser capaces de dirigir el poder del fóhat en su rumbo por las vías vibratorias que creamos.

Visualicemos una simple onda sinusoidal (Figura 4), que representa un ciclo rítmico de una frecuencia concreta. Hay una curva ascendente y después

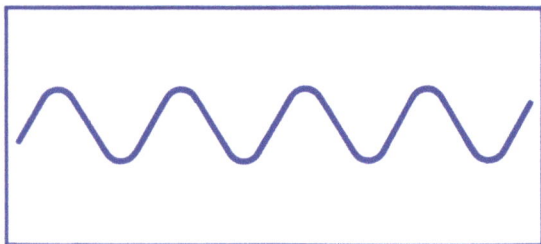

Figura 4

otra descendente, seguida de otra curva ascendente, y así sucesivamente. Según la Ley de los Ciclos, debe haber una fuerza que lleve la corriente de energía indiferenciada de Dios hacia la curva ascendente. También debe haber una fuerza opuesta que atraiga esa corriente de energía (representada por la línea) hacia la curva descendente. Estos serán los polos, positivo y negativo, activos en el núcleo de todos los ciclos.

Ser el punto en el centro del círculo significa convertirse en la armonía de las fuerzas en polaridad, significa ser el eje de la esfera giratoria de fuerza creativa. Este es el pivote del flujo cíclico. Este punto se alcanza en samadhi. Los adeptos lo utilizan para controlar el fuego del espacio.

Todo el cosmos manifestado es una interacción de vibraciones cíclicas, iniciadas en alguna parte, de algún modo, por alguien. A medida que ascendemos por la escala evolutiva, nos confían el poder y la autoridad divina para iniciar ciclos que pudieran durar eternamente.

Al encontrar el punto de equilibrio en cualquier parte del cosmos, podemos viajar impasibles hacia los sucesivos centros neutrales hasta llegar al centro del Gran Sol Central. Los centros de todos los ciclos son congruentes en la dimensión superior del cosmos. Al encontrar uno, se encuentran todos. Al permanecer en el punto de equilibrio, de amor perfecto, uno reside en el corazón de Dios.

Este gran sendero secreto a través de los túneles de equilibrio cíclico, diseñado como parte del tejido de la vida, es un gran don que Dios ha dado al hombre. Si nos convertimos en el punto del centro de su círculo, si mantennos correspondencia con los latidos de su corazón, nos esperan infinitos horizontes de belleza y perfección.

10

LA FORMACIÓN DE LA SUSTANCIA

La antigua sabiduría nos enseña que solo existe un elemento, una sustancia cósmica de la cual está compuesta toda la forma: ákasha. Esta sustancia es de movimiento fluido, etérea, y penetra en toda sustancia. Sin peso ni color propios, asume las propiedades de los patrones vibratorios que se le imponen, patrones que pueden imprimírsele mediante el sonido y el pensamiento.

Incluso el Espíritu tiene forma. Si retrocedemos hacia las eternas profundidades de la creación y nos elevamos a planos de conciencia infinitamente superiores, sigue habiendo forma, y todo se ajusta a la Ley de los Ciclos.

Toda sustancia, toda forma, todo cuanto tiene vida es el resultado del movimiento de la Materia causado por una fuerza. *La fuerza causa el movimiento de la Materia*. Un ser inteligente puede generar una fuerza de manera voluntaria y consciente. La infinita jerarquía de seres ascendidos hace girar las ruedas y los ciclos de los mundos por la fuerza de su voluntad. Brahma utiliza la fuerza para dar forma a las galaxias. Los maestros usan la fuerza para dar forma a ideas y crear los diversos focos de vida en el universo.

La fuerza también puede ser el impulso del mecanismo inconsciente y meticulosamente preciso que impulsa el sustrato de los planos materiales. La Materia no puede divorciarse del Espíritu.

Para obtener movimiento, debe existir un medio por el cual puedan tener lugar las vibraciones. La naturaleza fluídica de ákasha responde a la fuerza vibratoria con un fluir cíclico en ondas, como las producidas por la piedra que cae en el estanque fluídico. El movimiento es la alteración de ákasha, que se encuentra en un estado de armonía inherente. La aplicación de una fuerza al océano de ákasha pone en movimiento ciclos.

La miríada de formas que vemos en el universo son el conglomerado de patrones de ondas como resultado de las combinaciones, simples o complejas, de ondas sinusoidales que se mueven en ciclos. Los días y las noches de Brahma, si se lo simboliza en dos dimensiones, sería un flujo rítmico y constante entre dos polos del imán cósmico. La totalidad del elemento único es impulsada a moverse por la voluntad de Dios.

Los científicos Douglas Vogt y Gary Sultan han abordado el funcionamiento de esta Ley de los Ciclos. En su libro, *La realidad revelada,** postulan que todos los elementos físicos llegan a nuestro plano mediante la interacción de ondas cíclicas. La forma más simple de movimiento está representada por la onda sinusoidal. El diagrama a continuación (Figura 5) representa ondas sinusoidales interaccionando en dos planos de dimensión angular.

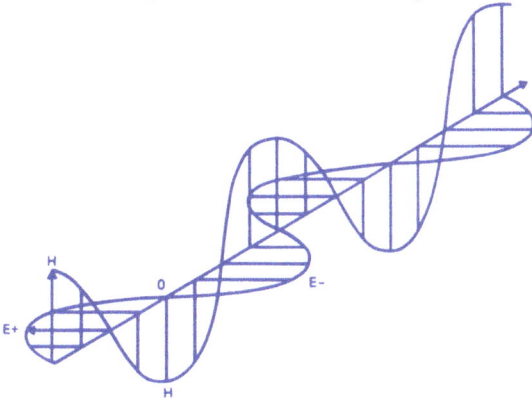

Figura 5

*Título original: *Reality Revealed.*

LA CIENCIA Y EL CENTRO LAYA

El concepto de los Maestros Ascendidos, por supuesto, es completo, mientras que pocos son los científicos que se han adentrado en el misterio del punto de equilibrio, el centro laya. Nikola Tesla halló el poder en el punto neutral de todos los ciclos y procedió a conceptualizar aparatos que funcionaran perpetuamente gracias a las vibraciones cíclicas de nuestra esfera planetaria, que posee su propio latido del corazón. Por desgracia para nosotros, el motor Tesla nunca fue desarrollado para uso público.

Tesla no fue el único que descubrió el poder del centro del círculo. Uno de los más grandes científicos de todos los tiempos, irónicamente desconocido por nuestro moderno clan de buscadores de quarks, fue John Worrell Keely, de Filadelfia.

El Sr. Keely, citado en *La doctrina secreta* de H. P. Blavatsky, explica un motor que él mismo diseñó:

En la idea de cualquier máquina construida hasta el presente, nunca se ha hallado el medio de inducir un centro neutral. De lo contrario, las dificultades de los buscadores del movimiento perpetuo habrían sido eliminadas y este problema se habría convertido en un hecho establecido y funcional. Tan solo necesitaría un impulso introductorio de unas pocas libras, en un aparato tal, que lo pusiera y mantuviera en funcionamiento durante siglos. En el concepto de mi motor vibratorio no quise lograr el movimiento perpetuo; más bien se forma un circuito que en efecto posee un *centro neutral,* que se encuentra en un estado que debe ser vivificado por mi éter vibratorio y, estando en funcionamiento gracias a tal sustancia, es en realidad una máquina prácticamente independiente de la masa (o globo); y es la maravillosa velocidad del circuito vibratorio lo que hace que así sea.

No obstante, con toda su perfección, necesita que le proporcionen el éter vibratorio para que sea un motor independiente... Todas las estructuras necesitan una base con la fuerza correspondiente al peso de la masa que han de llevar, pero las bases del universo descansan sobre un punto vacuo mucho más pequeño que una molécula, de hecho, para expresar esta verdad con propiedad, sobre un *punto interetérico,* que exige para su comprensión una mente infinita.

Poner la mirada en las profundidades de un centro etérico es exactamente lo mismo que sería una búsqueda en el inmenso espacio del éter del cielo para hallar su fin, con esta diferencia: uno es el campo positivo, mientras que el otro es el campo negativo.

Aquí tenemos el matrimonio entre la ciencia de la Materia y las leyes del Espíritu. Este punto neutral etérico, equilibrado entre lo positivo y lo negativo, es el punto suspendido en el centro del círculo del ser de Dios.

11

EL PUNTO DE LA PAZ

En la evolución del hombre a través de los pliegues del tiempo y el espacio, la clave del paso seguro por las pruebas iniciáticas es la armonía y el equilibrio. Todas las vicisitudes de la vida pueden considerarse de forma objetiva desde el punto del equilibrio en el centro de nuestro corazón, que es congruente con el centro del corazón de Dios. Es posible pasar por todos los ciclos sin ser desplazados de ese punto estable si tan solo aplicamos esta ciencia de los ciclos.

Como ilustración, visualicemos un balancín como los de los parques de juegos para niños. Se trata de una tabla que descansa sobre un punto central sobre el cual pivota. Cuando los niños se montan en ambos extremos, crean un movimiento cíclico con la apariencia de onda sinusoidal si se lo representara en un gráfico. Pero obsérvese que el centro de la tabla, el centro del ciclo, está absolutamente inmóvil. Los niños pueden moverse rápidamente y con toda su energía en los extremos, pero el centro siempre permanece en equilibrio, estable.

Lo mismo ocurre con los ciclos y lo mismo puede suceder en todo lo que tiene vida. Este centro cíclico en el hombre es el chakra del corazón, como vemos en la figura 6.

El cuerpo humano es un imán. Este hecho ha sido demostrado tanto por científicos como por sanadores espirituales. Recordemos que todos los imanes crean ciclos de flujo positivo y negativo, pero entre las dos polaridades siempre existe un punto de equilibrio perfecto. Cuando el prana fluye por nuestro organismo, el corazón es ese punto de equilibrio. En la cámara secreta del corazón, que se encuentra detrás del corazón físico, existe un punto de perfecta armonía que late a ritmo cíclico setenta y dos veces por minuto, todos los días de nuestra vida.

Por eso los maestros nos dicen que debemos ir a ese punto de equilibrio en nuestro corazón, porque ahí se encuentra el punto de la paz. Y ese punto también es el punto de poder.

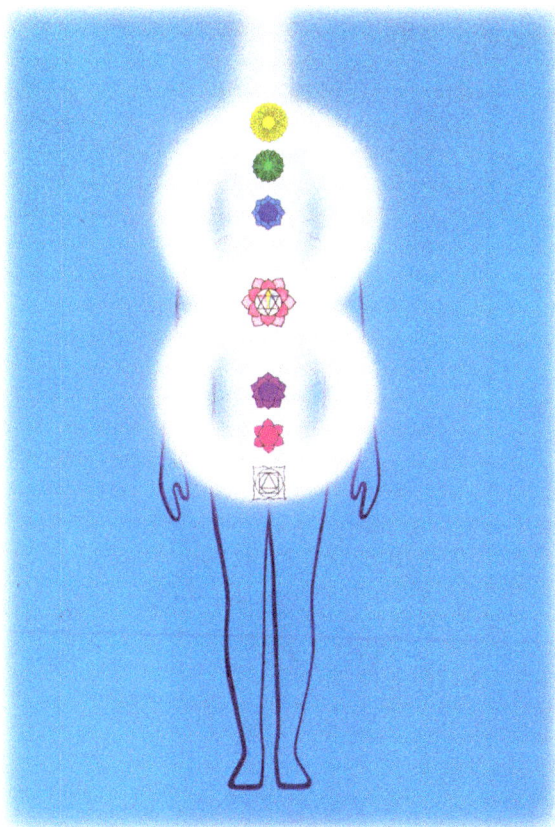

Figura 6

EL REGRESO A TRAVÉS DE LA PALABRA

El sendero de la ascensión es el medio a través del cual los hijos de Dios conservan su identidad como células en el ser de Brahma a través de los pralayas, a través de la inhalación y de la exhalación de Dios.

Como observamos antes, en cada yuga el hombre recibe las herramientas espirituales específicas que le sirven de ayuda en su evolución.

Se dice que actualmente nos encontramos en un Kali Yuga, un ciclo en el que el karma regresa y es el más oscuro de todos los ciclos. Sanat Kumara, el Gran Gurú, asigna formas de comulgar con Dios acordes a las evoluciones del hombre y los yugas.

Sanat Kumara nos ha dicho que, en este yuga, la clave para conectarnos con Dios es la ciencia de la Palabra hablada. Con esta ciencia, practicada por los adeptos de Oriente y Occidente durante miles de años, podemos producir emanaciones áuricas desde el punto de poder en el centro de nuestro corazón para sanar nuestro microcosmos personal y el mundo que hay fuera de los límites de nuestra piel.

Perdurar como una célula en la conciencia de Dios, cuando ese Dios se encuentra en perfecto descanso, significa entrar con él en el ciclo cósmico de nirvana. Para ello, uno debe pasar por el nexo del ciclo: la Palabra.

El Logos eterno es el punto en el centro del círculo, el principio y fin de los ciclos compuestos de círculos, capa sobre capa.

En el principio era Brahma, y la Palabra estaba con Brahma, y la Palabra estaba con Brahma en el principio. Por consiguiente, para estar en Brahma, debemos estar en la Palabra: «Nadie viene al Padre, sino por mí». Ese «mí» es el supremo YO SOY EL QUE YO SOY manifestado como la Palabra.

La Palabra es una mantilla envuelta alrededor de la Tierra. Las mismísimas corrientes de la superficie terrestre, las emanaciones de su centro solar, la Ley de los Ciclos, la llama del consuelo, el sonido apenas por debajo de la percepción de nuestros oídos, nos transfiere este consuelo de la ley cíclica del sonido de la Palabra de Dios.

La vida es continua, y la Ley de los Ciclos nos promete su continuación. El corazón de Dios seguirá latiendo. La rueda del regreso cíclico girará sobre los radios de nuestras creaciones kármicas.

Por tanto, por la Ley de los Ciclos se nos

establece en los rumbos que nos corresponden, circulando en espiral otra vez por el nexo del ser, siendo el nexo la Palabra misma, siendo la Ley de los Ciclos la emanación de la Palabra. Al hacernos congruentes con el punto en el centro del círculo de Dios, se nos concede el poder de imprimir en las energías cíclicas de Dios el patrón de nuestra idea o deseo divinamente orientado.

Este es el camino de regreso a Dios como un átomo permanente en su ser, a través de esta Palabra que ha encarnado en los avatares con la ley cíclica de la manifestación. Los grandes Manús, legisladores de todos los tiempos y de sus razas, sustentaron el ciclo de la Palabra mediante la cual toda la progenie salida del gran Árbol de la Vida podía regresar a través de la Palabra cumpliendo la Ley de los Ciclos.

En esta Ley de los Ciclos hay alegría. Y la alegría de este matrimonio entre ciencia y religión somos nosotros, en el nexo del infinito, convergiendo con la Palabra viva.

12

LA PROPORCIÓN ÁUREA
FÓRMULAS DE TRASCENDENCIA

En el corazón de la naturaleza y el hombre hay inscrita de forma indeleble una fórmula matemática para el crecimiento y la trascendencia: la proporción áurea.

Sigamos el hilo de esta «proporción áurea» desde la margarita hasta la pirámide, desde la piña hasta el Partenón… O sigámoslo desde una pequeñita valva marina hasta las nebulosas espirales, cuarenta millones de veces más grandes que el sol. El cosmos teje sus vestiduras con perfecta integridad, utilizando la proporción áurea.

Esta proporción es una tasa matemática específica tan omnipresente que muchos filósofos, artistas, matemáticos y científicos la han considerado como componente esencial de belleza, quizá como algo fundamental en la vida misma. Platón la consideraba como la clave de la física del cosmos. Los egipcios creían que era algo más que un número y que simbolizaba el proceso creativo del fuego de la vida.

Esta mágica proporción áurea se halla dividiendo una línea (AC) en un punto específico para que nos dé dos secciones desiguales, donde la más pequeña (AB) tiene una proporción con respecto a la más grande (BC) igual que la más grande (BC) tiene con respecto a la línea entera (AC). La proporción se expresa así:

$$\frac{AB}{BC} = \frac{BC}{AC}$$

A ────────────── B ────────────────────────── C

Solo existe un punto así (B) en cualquier línea. La proporción entre las dos secciones siempre es la misma, independientemente de la longitud que tenga la línea: 1:1,618…, conocido como ɸ o «*Fi*».

La cantidad de decimales es interminable. *Fi* es lo que denominamos un número irracional, porque el hombre solo puede aproximar la cifra exacta. Una computadora que realizara un millón de cálculos por segundo durante mil millones de años no podría llegar nunca al número áureo exacto. Esto

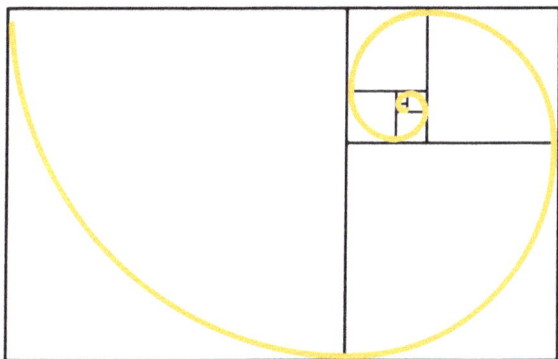

se debe a que *Fi* representa una idea divina, una fórmula etérea de trascendencia y belleza que el Creador ha puesto sobre el plano físico. La esencia de esta proporción funciona en una dimensión superior, por lo cual los números finitos no pueden contener con perfección su principio infinito.

El número *Fi* incorporado en un «rectángulo áureo» da una progresión infinita de rectángulos cada vez más pequeños, cada cual con el mismo potencial *Fi* de subdivisión.

Los puntos *Fi* de cada rectángulo pueden conectarse para formar una «espiral áurea» logarítmica a la que los matemáticos llaman *spira mirabilis*: «la espiral maravillosa».

El extremo abierto de la espiral parece lanzarse de forma majestuosa hacia adelante y hacia fuera, extendiendo siempre su expresión dinámica de la vida. Según el autor inglés Theodore Andrea Cooks, la espiral áurea fue originalmente una inspiración del taichí oriental, símbolo de vida utilizado en su época por los filósofos chinos del siglo XII. Las dos mitades curvas del taichí, según dice Cook, son partes de la curva logarítmica (proporción *Fi*), copiada por el hombre del cascarón del nautilo que tanto abunda.

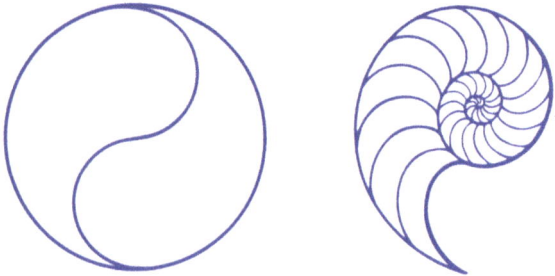

El hombre ha demostrado tener una fascinación perenne, tanto consciente como inconsciente, por la proporción áurea. Las pirámides egipcias y las catedrales góticas utilizan las funciones matemáticas de *Fi* para medir las alturas, las anchuras y los ángulos de sus muros exteriores y cámaras interiores. Los arquitectos clásicos griegos diseñaron el Partenón de forma que cupiera en un rectángulo áureo. Virgilio, según parece, escribió la epopeya de la *Eneida* según la proporción *Fi,* organizando sus pasajes poéticos con precisión matemática.

Los artistas renacentistas también hicieron gran uso de esta proporción. La famosa idea de Leonardo de poner al hombre dentro de la cuadratura del círculo describe el cuerpo humano según *Fi,* un hecho anatómico conocido desde la época egipcia. Las proporciones *Fi* abundan en las obras de Raphael, Tiziano, Luini y Veronese, definiendo tanto los diseños arquitectónicos como las figuras vivas de sus composiciones.

Pero el hecho de que *Fi* perdure como símbolo de vida y belleza en el arte y la arquitectura es más que una coincidencia. La proporción áurea describe numérica y geométricamente la fórmula universal del crecimiento. Su resultante simetría pentagonal (utilizando ángulos *Fi*) no se encuentra de manera natural en formas inorgánicas e «inanimadas» como los cristales o los copos de nieve, sino solo en las formas de vida.

Los sistemas inanimados están gobernados por el «principio de menor acción», aunque estos también tienen una belleza especial. Pero los sistemas vivos, orgánicos, parecen optar por un «principio de mayor acción», expandiéndose según patrones de crecimiento en espirales áureas o en geometrías de proporciones *Fi,* trascendiendo constantemente los principios estáticos de menor acción de lo inanimado.

Pero ¿por qué la vida se expresa siguiendo ciertos patrones matemáticos constantes, especialmente la proporción áurea?

Pitágoras debió hacer una pregunta similar hace 2500 años. En un esfuerzo para encapsular sus exploraciones espirituales sobre los inmensos misterios del cosmos, sencillamente declaró: «Todas las cosas son números». Para Pitágoras, los números estaban conectados íntimamente con la psique humana. El alma humana es un tipo de armonía, como observó Pitágoras, y se ve afectada por las «vibraciones» —los números— del mundo que la rodea.

Este principio es básico. La distorsión de las vibraciones del mundo, la distorsión del arte, la arquitectura y la música, hará que el tenor del alma humana refleje la inarmonía. En cambio, la construcción del mundo con la perfección de las artes, utilizando las vibraciones concordantes de proporciones numéricas agradables, hará que el alma humana refleje la armonía inspirada por su entorno.

La proporción áurea, como demuestra la naturaleza, es el cimiento de la armonía orgánica. El cosmos está gobernado de manera natural por Fi, que es armonioso; de hecho, el término griego *kosmos* en el pasado implicaba una armonía ordenada.

En ciertos períodos de la historia de la Tierra, el hombre aprendió a utilizar los principios armoniosos de *Fi* en gran medida. Con un conocimiento que el hombre ha perdido en gran medida, los maestros arquitectos de antaño utilizaron el poder de la proporción áurea para construir pirámides y templos no como tumbas, sino como focos de energía espiritual utilizada para fines que superan nuestra comprensión.

La sagrada ciencia que enseña su utilización podrá subestimarse temporalmente, pero la proporción áurea nos mira desde todos los rincones del mundo. Sus repetidas manifestaciones parecen un permanente recordatorio de los secretos que contiene, invitándonos siempre a que sigamos investigando.

El molusco conocido con el nombre de nautilo se aloja en un cascarón con forma de espiral áurea. De tamaño más pequeño, las moléculas de agua tienen átomos de oxígeno e hidrógeno establecidos a un ángulo específico (104°) derivado de *Fi*. Esta

proporción formula los componentes del cosmos
material, desde la periodicidad de los elementos
atómicos hasta las colosales nebulosas espirales.

La simetría pentagonal es frecuente en las flores, mostrando varias combinaciones de propiedades áureas. Las líneas del pentagrama, emblema
de la antigua hermandad pitagórica, se intersecan en los puntos *Fi*.

Aunque estas dimensiones, inmensas y micros-
cópicas, son invisibles a simple vista, solo hay que
mirar en el jardín de nuestra casa para encontrar
los mismos indicios. En el siglo XIII, Leonardo Fibonacci lo hizo; este distinguido matemático de la
Edad Media desveló la secuencia numérica genera-
da por la proporción áurea.

Esta secuencia numérica (1,1,2,3,5,8,13,21...)
es de interés porque cada término de la serie es la
suma de los dos términos anteriores. La proporción
entre un término y el anterior se acerca más a la
proporción áurea a medida que los números au-
mentan, como se muestra en esta tabla.

Término	Término anterior	Proporción
1	1	1
2	1	2
3	2	1.5
5	3	1.66...
8	5	1.6
13	8	1.625
21	13	1.615...
34	21	1.619...
55	34	1.617...
89	55	1.618...

La aplicación de la secuencia Fibonacci es inmensa puesto que define innumerables procesos
naturales, desde la genealogía de los zánganos hasta las escamas de una piña.

La filotaxis (la organización de las hojas sobre

un tallo) sigue con precisión la secuencia de Fibonacci. Las ramas de la milenrama se subdividen según las reglas de Fibonacci. Sus flores se abren con forma pentagonal, exhibiendo ángulos *Fi*. El girasol y la margarita coronan la familia de patrones *Fi* con su exhibición de dos espirales entretejidas de proporción áurea.

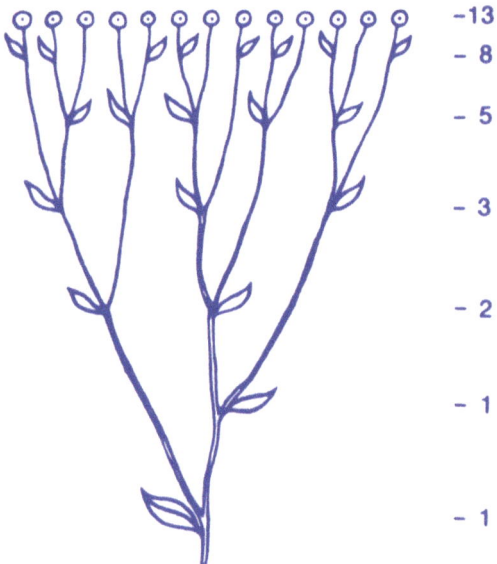

Milenrama (achillea ptarmica)

El universo visible crece en un cuerpo de proporciones áureas.

La proporción más destacada también es audible. La música, progenie acústica de las matemáticas, participa en la «proporción áurea». La mayoría de los oyentes prefiere el intervalo musical de «sexta mayor», cuya frecuencia tiene una proporción (entre la nota alta y baja) que se aproxima a la proporción *Fi*.

De la botánica a la música, de la materia al sonido, ¿a dónde nos lleva este continuo de vibraciones y de números? Por extensión lógica, todo indica que conduce hacia arriba, a las frecuencias perceptibles solo por el alma. Y si la proporción áurea gobierna el crecimiento en el universo físico, ¿no podría también gobernar el crecimiento espiritual del hombre?

Cuando hallemos una forma de representar gráficamente el patrón de nuestro crecimiento psicológico y espiritual, puede que descubramos que este también se expande siguiendo la espiral áurea logarítmica. ¿Cuántas veces nos hemos encontrado en una situación repetida, pero más viejos y sabiendo más, en una rama superior de nuestra espiral de crecimiento, mirando atrás, «abajo», al conocimiento que teníamos sobre esa misma situación?

La espiral del proceso de aprendizaje nos llama a subir siempre más, hacia aulas de un nivel superior en las que las lecciones se perfeccionan.

En el impulso acumulado y dinámico de esta fórmula de trascendencia, lo que se detiene o se niega a avanzar en sus «lecciones» inevitablemente se estanca y pierde el paso de los ciclos cósmicos de la vida. Para sobrevivir, uno debe buscar incesantemente el impulso ascendente de su potencial interior.

Si esta observación sobre nuestro crecimiento es cierta, quizá también crezca Él, el Creador, cuya insignia tenemos. Con cada nueva exhalación en la interminable sucesión de ciclos cósmicos manvantáricos, toda la creación trasciende su anterior estado según la proporción áurea.

Las matemáticas de la belleza. La nota clave de la música de las esferas. La fórmula de la trascendencia del alma. Sigamos el hilo áureo espiral hacia arriba con nuestros ojos, nuestros oídos y nuestro corazón; y veamos qué lejos podemos llegar.

13

LAS MATEMÁTICAS DE LA BELLEZA

La escuela de Atenas, obra maestra de Raphael, es un perfecto ejemplo de la utilización de la proporción áurea en la pintura renacentista. Platón y Aristóteles (centro) y la multitud de filósofos famosos representan la escuela ateniense del pensamiento, que hace mucho tiempo comprendía y utilizaba la proporción áurea. La pintura está centrada simétricamente según la geometría de la proporción áurea. En la composición hay varios rectángulos áureos y docenas de ángulos (creados por las figuras y la arquitectura) creados según la proporción *Fi*.

El artista renacentista Raphael compuso su famosa pintura, *Virgen de la silla,* con proporciones áureas. Las líneas de énfasis se cruzan para formar dos pentagramas intersecados.

El rostro humano refleja la geometría de proporción áurea, como muestra este busto de Afrodita.

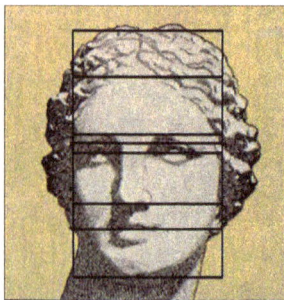

La voluta del violín siempre han seguido la curva de la espiral áurea.

La música puede expresar la proporción áurea en la sexta mayor, un intervalo musical fundamental.

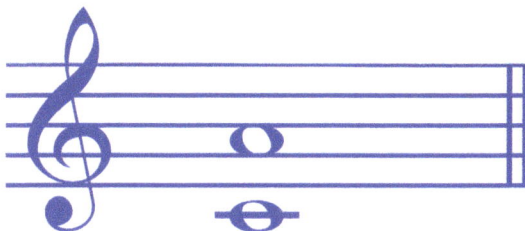

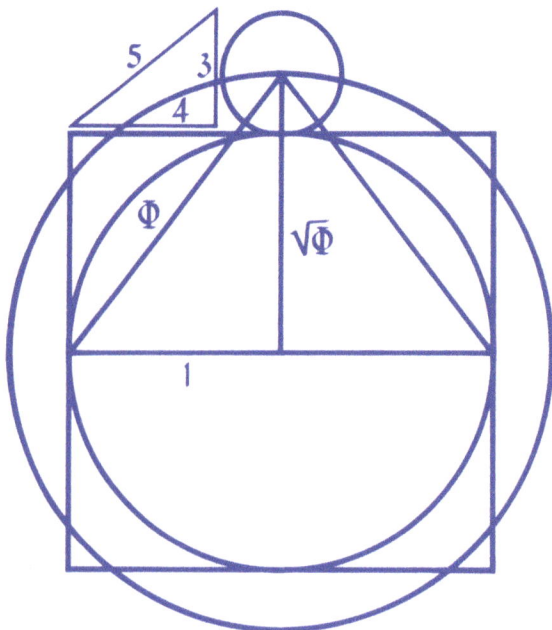

El diagrama anterior muestra cómo funciona *Fi* en la geometría de la Gran Pirámide, que también encarna la relación matemática de la Tierra y la Luna.

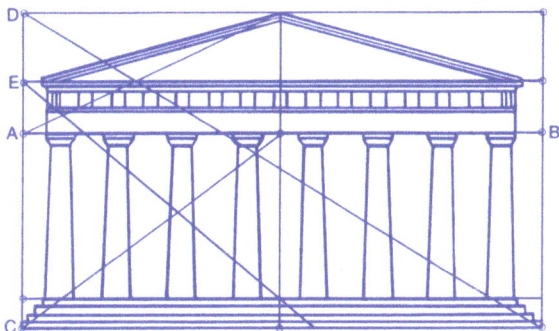

El Partenón, epítome de la arquitectura clásica griega, encarna los principios de la proporción áurea. Su diseño frontal es un rectángulo áureo: la distancia entre la parte superior de las columnas y el escalón inferior (AC) y la parte superior de las columnas y la parte superior del frontón (AD) es de una proporción áurea. Asimismo, la altura del frontón (ED) guarda una proporción áurea con respecto a la altura del dintel y el friso (AE).

NOTAS

CAPÍTULO 1

1. Los maestros M. y K.H. escribieron *Las cartas de los mahatmas (The Mahatma Letters)* entre 1880 y 1884, dirigidas a A. P. Sinnett, discípulo de la Sociedad Teosófica.

CAPÍTULO 3

1. *El sendero del Yo Superior,* de Mark L. Prophet y Elizabeth Clare Prophet, Porcia Ediciones.
2. *Perlas de Sabiduría,* "The Space Within" ("El espacio interior"), 23 de junio de 1968.

CAPÍTULO 6

1. *The Secret Doctrine: The Synthesis of Science, Religion, and Philosophy (La doctrina secreta: La síntesis de ciencia, religión y filosofía),* dos volúmenes, de H. P. Blavatsky, Theosophical University Press.

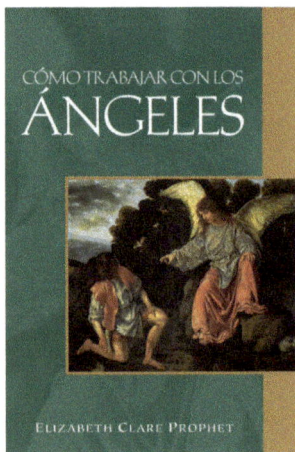

128 pp • ISBN 978-1-60988-278-5

Cómo trabajar con los ángeles

¿Alguna vez has pensado en establecer una relación con un ángel?

Cómo trabajar con los ángeles te muestra cómo hacerte amigo de los ángeles de manera que te puedan ayudar de forma práctica y personal: protegiéndote, inspirándote, sanándote y consolándote.

Mientras más aprendas cómo trabajar con los ángeles, más eficazmente podrán ayudarte. Incluso pueden elevarte para que vislumbres a tu Yo Superior.

Aprende diez pasos para que los ángeles sean parte de tu vida. Y prepárate para los cambios maravillosos cuando les llames y te contesten.

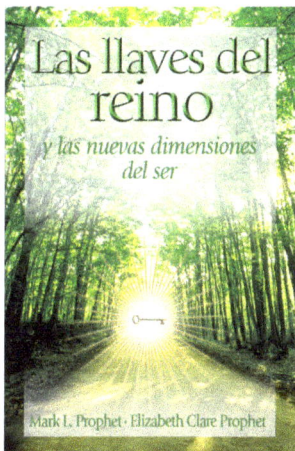

224 pp • ISBN 978-1-60988-436-9

Las llaves del reino

y las nuevas dimensiones del ser

Elizabeth Clare Prophet enseña que el reino de Dios en realidad no es un lugar, sino más bien, un estado de conciencia. Este pequeño y profundo libro revela los pasos prácticos que cada uno de nosotros puede tomar para alcanzar nuevas dimensiones del ser, la conciencia Divina, la percepción cósmica. Entonces, ¿qué estás esperando? Como el destacado maestro El Morya dijo una vez:

«Pequeñas llaves abren las puertas más grandes
y el hombre debe estar preparado para atravesarlas
sin dudar y sin detenerse en el umbral».

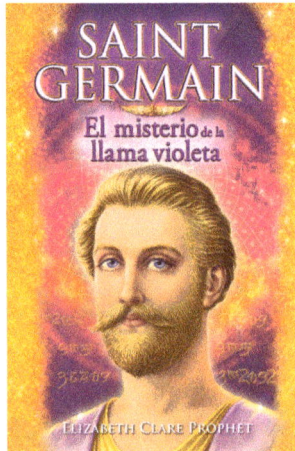

176 pp • ISBN 978-1-60988-412-3

Saint Germain:
El misterio de la llama violeta

Durante milenios, los místicos y alquimistas han buscado las claves para desentrañar los secretos de la vida y la eternidad. Sus descubrimientos se ocultaron a menudo mediante símbolos esotéricos, con el fin de esconder el conocimiento real de quienes podrían usarlo para sus propósitos egoístas.

Saint Germain fue uno de esos buscadores. A lo largo de muchas vidas como alquimista, adepto y visionario descubrió las invaluables fórmulas antiguas para la autotransformación.

En esta época, vuelve otra vez y revela algo de ese conocimiento a los que finalmente están preparados para recibirlo: místicos como tú. Y lo más importante, revela los profundos secretos de la llama violeta, la clave para la transformación personal y mundial.

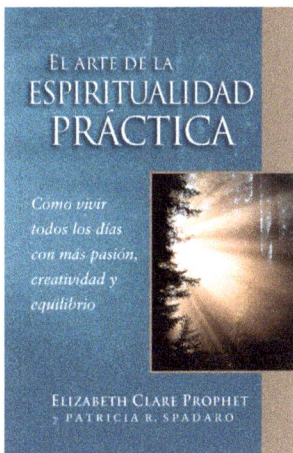

112 pp • ISBN 978-1-60988-488-8

El arte de la espiritualidad práctica

*Cómo vivir todos los días con más pasión,
creatividad y equilibrio*

Esta guía basada en el sentido común ofrece los pasos prácticos necesarios para mantenerse en sintonía con el Espíritu en medio del ajetreo de la vida diaria; para escuchar la voz queda del interior; para vivir en el aquí y el ahora. Esta guía también proporciona técnicas creativas que podemos utilizar para elevarnos a nosotros mismos y al mundo que nos rodea. Las claves para una espiritualidad práctica que se exploran en este libro provienen de la antigua sabiduría de las grandes tradiciones espirituales del mundo y están llenas de profundo significado para nuestra vida.

THE SUMMIT LIGHTHOUSE

¿Le interesa la exploración de la realidad, la búsqueda de la maestría sobre uno mismo y hallar los puntos compartidos entre los senderos místicos de las religiones del mundo? The Summit Lighthouse, una actividad de la gran hermandad de la luz, es una comunidad internacional de estudiantes espirituales que comparten este interés. Publicamos las Enseñanzas de los Maestros Ascendidos en 30 idiomas y las estudiamos para acelerar nuestro sendero espiritual.

¿Qué son estas enseñanzas? Durante los últimos 150 años los Maestros Ascendidos han vuelto a atraer la atención de la humanidad hacia los conceptos espirituales de la ascensión, el karma y la reencarnación, cómo encontrar a la llama gemela y las almas compañeras para acelerar la realización del plan divino que tenemos cada cual, para encontrar la liberación del alma a través del poder de la Palabra hablada, la oración y la meditación y hallar nuestro punto de identidad con la realidad de nuestra Presencia YO SOY, nuestra chispa interior. Además, se da información sobre la tan rumoreada hermandad de la luz que aparece en épocas de necesidad para ayudar a la humanidad.

¿Qué es esta hermandad de luz? La Gran Hermandad Blanca está compuesta de hombres y mujeres que han aprendido a dominar el fuego del corazón, han saldado su karma, han cumplido su dharma y han ascendido a la luz de la presencia de Dios. Estos seres vuelven para ayudar a almas como nosotros, amigos de vidas pasadas, a llegar a ser quien somos en realidad.

The Summit Lighthouse tiene su sede internacional en el Rancho Royal Teton, una hermosa tierra en las montañas Rocosas, muy cerca del lado norte del Parque Nacional Yellowstone. Si se encuentra en esta zona, le invitamos a que nos visite para conocernos y disfrutar de nuestras aguas termales, «Yellowstone Hot Springs». Estas aguas, ricas en minerales, se encuentran al lado de las orillas del pintoresco río Yellowstone.

Explore las lecciones gratuitas online sobre karma, chakras y los arcángeles; lea una asombrosa historia acerca de Sanat Kumara, el Anciano de Días; aproveche nuestra oferta de un libro gratuito o inscríbase para recibir gratuitamente una serie de 16 *Perlas de Sabiduría* digitales sobre El discípulo y el sendero, en:

SummitLighthouse.org

Aprovechando la ocasión, podrá aprender más sobre las Enseñanzas de los Maestros Ascendidos, la subscripción a las *Perlas de Sabiduría* mensuales, la comunidad espiritual del Rancho Royal Teton, los seminarios de fin de semana, las cuatro conferencias que se celebran cuatro veces al año, los retiros de verano, la Fraternidad de Guardianes de la Llama o la Biblioteca de los Maestros Ascendidos, así como el centro de estudios más cercano a su lugar de residencia.

Para obtener un catálogo de libros, CD y DVD publicados por Summit University Press, visite:

www.SummitUniversityPress.com

The Summit Lighthouse®
63 Summit Way, Gardiner, Montana 59030 USA
Se habla español.
TSLinfo@TSL.org
SummitLighthouse.org
www.ElizabethClareProphet.com
1-800-245-5445 / + (406) 848-9500

ELIZABETH CLARE PROPHET es una autora reconocida internacionalmente, una instructora espiritual y una pionera de la espiritualidad práctica. Sus innovadores libros se han publicado en más de treinta idiomas y de ellos se han vendido más de tres millones de ejemplares en todo el mundo.

www.ingramcontent.com/pod-product-compliance
Lightning Source LLC
LaVergne TN
LVHW010309070426
835511LV00021B/3455